28 juin 1911

VENTE
Du Mercredi 28 Juin 1911
HOTEL DROUOT, SALLE N° 11
A DEUX HEURES

OBJETS D'ART & D'AMEUBLEMENT

TABLEAUX ANCIENS ET MODERNES

PORCELAINES, FAIENCES, BRONZES

MEUBLES ET SIÈGES

ÉTOFFES, TAPISSERIES, TAPIS D'ORIENT

COMMISSAIRE-PRISEUR
Me F. LAIR-DUBREUIL

EXPERTS
MM. G. DUCHESNE & R. DUPLAN

CATALOGUE

DES

OBJETS D'ART & D'AMEUBLEMENT

TABLEAUX ANCIENS ET MODERNES

AQUARELLES — DESSINS — GOUACHES

Porcelaines, Faïences, Bronzes

OBJETS DE VITRINE

MEUBLES & SIÈGES

ANCIENS ET DE STYLE

Lit de camp qui aurait appartenu à Napoléon Ier

ÉTOFFES CHINOISES BRODÉES, ÉTOFFES ANCIENNES

TAPISSERIES, TAPIS D'ORIENT

DONT LA VENTE AUX ENCHÈRES PUBLIQUES AURA LIEU

HOTEL DROUOT, SALLE N° 11

LE MERCREDI 28 JUIN 1911

A DEUX HEURES

Me F. LAIR-DUBREUIL	**MM. G. DUCHESNE & R. DUPLAN**
COMMISSAIRE-PRISEUR	EXPERTS
6, rue Favart	10, rue Rossini

EXPOSITION PUBLIQUE

Le Mardi 27 Juin 1911, de 1 heure 1/2 à 6 heures

CONDITIONS DE LA VENTE

Elle sera faite au comptant.

Les adjudicataires paieront *dix pour cent* en sus des enchères.

L'exposition mettant le public à même de se rendre compte de l'état et de la nature des objets, aucune réclamation ne sera admise une fois l'adjudication prononcée.

Paris — Imp. de l'Art, Ch. Berger, 41, rue de la Victoire

DÉSIGNATION

TABLEAUX

AQUARELLES, DESSINS, GOUACHES

ANASTASI

1 — *Bord de la mer, à Douarnenez.*

2 — *Petit Pont, près Dordrecht,*

BOSE

3 — *Paysage avec mare.*

Signé en bas à droite.

BRUNEL-NEUVILLE

4 — *Famille de jeunes chats lappant du lait dans une assiette.*

Toile.

5 — *Famille de jeunes chats jouant dans une corbeille à papiers.*

Deux pendants.

BUSSAN

6 — *Paysage : Coin de parc du château de Sainte-Claire.*

CASCIARO

7 — *Paysage montagneux avec bouquets d'arbres. — Vaches au pâturage.*

Deux pastels.

CASCIARO

8 — *Sous bois. — Bords de rivière.*

Deux pastels se faisant pendants.

CASCIARO

9 — *Les Pins parasols. — Effet de lune.*

Deux pastels.

CIPRIANI (École de)

10 — *Un Ange présente à un saint la mître d'évêque.*

11 — *Sainte Thérèse.*

Pendant du précédent.

CORDEY

12 — *Paysage : Route à Auvers.*

Toile.

COUBERTIN (CH. DE)

13 — *Joueurs de boules sous le porche d'un couvent.*

Signé et daté en bas à droite.

DEMAY

14 — *Paysage.*

ÉCOLE ESPAGNOLE

15 — *Sainte Madeleine en prière.*

ÉCOLE FRANÇAISE (XVIIIe siècle)

16 — *Portrait de Jeune Femme.*

Assise, les deux mains croisées sur une table; elle est vêtue d'une robe blanche ouverte sur la poitrine et ornée de cordons de perles; elle a les cheveux légèrement poudrés et surmontés d'une couronne de roses.

ÉCOLE ITALIENNE (XVIIe siècle)

17 — *Saint Jean et les anges.*

FLAMENG (AUG.)

18 — *Bateaux de pêche en Hollande par un temps gris.*

Signé et daté en bas à droite.

FRAGONARD (Alexandre)

19 — *Religieuses écoutant le récit du pèlerin.*

Signé en bas : A. Fragonard

GIANNI

20 — *Marine : La Baie de Naples.*

Gouache.

GOLTZEPFEL

21 — *Bateliers sur le bord d'une rivière.*

Signé et daté en bas à droite.

GONZALÈS (Attribué à Barthelémy)
(Valladolid, 1564-1627)

22 — *Portrait de la Reine, femme de Philippe III.*

Elle est représentée à mi-corps, tournée de trois quarts vers la gauche, coiffée d'une petite toque ornée de joyaux et de plumes; elle est vêtue d'une robe de drap noir brodée d'or et ornée de perles, les manches sont à crevés roses, des rubans de même couleur sont posés.

Toile. Haut., 65 cent.; larg., 48 cent.

GUILLAUME (A.)

23 — *La Rencontre. — Le Cotillon.*

Deux dessins rehaussés se faisant pendants.

GUILLAUME (A.)

24 — *Promenade sentimentale. — Au Conservatoire.*

Deux dessins lavés à l'encre de Chine se faisant pendants.

GUILLAUME (A.)

25 — « *Le Grand Prix est couru, Frères, il faut partir !* »

Dessin à la plume. Feuille d'album.

JOURDAIN (H.)

26 — *Paysage. Bords d'un étang.*

Aquarelle.

LE BERGUE-DELBARRE

27 — *Panier de fleurs et tulipes. — Panier de fleurs et roses.*

Natures mortes.
Toiles.
Deux pendants.

PETIT (JULES)

28 — *Pivoines et Lilas.*

Signé en bas.

PICARD (Ed.)

29 — *Le Boulevard des Italiens à six heures.*

Aquarelle.

PRUDHON (P.-P.)

30 — *Vierge en prière.*

Signé et daté à gauche.

REMBRANDT (École de)

31 — *Laissez venir à moi les petits enfants.*

Haut., 69 cent.; larg., 1 m. 4 cent.

Cadre en bois sculpté.

ROZIER (Dominique)

32 — *Nature morte.*

Poissons s'échappant d'une manne au milieu de légumes divers et près d'un grand vase en cuivre repoussé.

Importante composition.

ROZIER (Dominique)

33 — *Nature morte.*

Chaudron de cuivre et homard sur un plat.

Toile.

RUBENS (École de)

34 — *Tête de Moine.*

STRY (VAN)

35 — *Troupeau de vaches au repos près de la mer.*

TEN KATE

36 — *Le Moulin à eau.*

VIGÉ

37 — *Portrait d'un Gentilhomme.*

En buste de trois quarts, vêtu d'un habit de velours noir bordé d'une passementerie d'or.

Pastel.

Haut., 58 cent.; larg., 48 cent.

38 — Gravure en couleur : Un Rêve d'amour.

39 — Panneau décoratif : Cascade.

WERTHEIMER (G.)

40 — *Portrait de Jeune Femme blonde.*

Vue en buste et se regardant dans un miroir.
Toile.

41 — *Intérieur d'une ménagerie ; le Repas des fauves.*

PORCELAINES, FAIENCES

42 — Neuf pièces : burettes, plat, pots, tasses et soucoupes, en porcelaine et faïence décorées.

43 — Paire de lampes en porcelaine décorée en bleu et or.

44 — Paire de vases en porcelaine blanche et or. Commencement du XIXe siècle.

45 — Paire de vases, de même époque, décorés de paysage et relevés de dorures.

46 — Paire de vases en porcelaine craquelée de Chine, décorés en polychrome de sujets guerriers.

47 — Deux plats à anses en ancienne faïence décorée, couvercles et monture en étain.

48 — Assiette en ancienne faïence de Moustiers, décor en vert, bleu et jaune à bouquets de fleurs.

49 — Assiette en ancienne faïence de Rouen, décor polychrome à vases de fleurs et insectes.

50 — Deux petits plats en ancienne faïence de Milan.

51 — Assiette en ancienne faïence de Delft, décor bleu.

52 — Deux écrans chinois : un en porcelaine, décor dragon bleu sur blanc ; l'autre avec panneau de verre peint : personnages dans un paysage. Montures en bois sculpté.

53 — Deux vases en porcelaine de la Chine, de forme prismatique, à décor vert sur fond noir, reposant sur des socles en bois noir.

54 — Deux potiches en porcelaine de la Chine, à panses renflées, décor bleu à fleurs de pêcher.

55 — Deux grands vases, à col évasé, en faïence de Satzuma, décor à personnages dans des paysages et ornements variés, anses formées par des ailes accolées à la panse supportant des anneaux. Ils reposent sur des pieds de mêmes matière et décoration.

56 — Deux grands vases en porcelaine de Chine, à col évasé, décor à réserves : personnages, dragons en relief sur la panse. Socles en bois noir.

OBJETS DE VITRINE

OBJETS VARIÉS

57 — Groupe de vierge et enfant en bois sculpté, et un lot d'ornements en bois sculpté.

58 — Main en marbre blanc.

59 — Vase en verre gravé et trois petits verres de Bohême.

60 — Carafe en verre à côtes, goulot cerclé d'argent.

61 — Deux tabliers en tulle brodé.

62 — Groupe en albâtre : Laocoon.

63 — Coffret en bois incrusté de nacre. Travail oriental.

64 — Violon portant intérieurement l'inscription : *Antonius Stradivarius, cremonensis faciebat, anno 1712*, avec archet et étui.

65 — Petit bas-relief en terre cuite : Le Triomphe de Bacchus. Composition à nombreux personnages. École française, XVIIIe siècle.

66 — Paire d'éperons en argent ciselé.

67 — Glace à main, monture en argent de style Louis XVI.

68 — Glace de poche, de forme octogonale, en argent repoussé.

69 — Montre en or de couleur, d'époque Louis XVI.

70 — Châtelaine Louis XVI en or repercé, spatule en argent doré.

71 — Éventail en corne, feuille en tulle à paillettes dorées, commencement du XIXe siècle, et une petite boîte-reliquaire.

BRONZES, FERS, ÉTAINS

72 — Fourchette, manche en porcelaine; paire de mouchettes et plateau en cuivre; petit flambeau Louis XVI en cuivre argenté.

73 — Plateau Louis XV et pichet en étain.

74 — Lot de poignées et entrées de serrures en bronze Louis XV.

75 — Deux poches de billard, une vieille serrure, un ornement en cuivre, un pied de lampe en cuivre.

76 — Deux paires d'appliques à nombreuses lumières en bronze ciselé et doré. Style Louis XIV.

77 — Deux vases en émail cloisonné polychrome à panse renflée, anses formées par des dragons en bronze ciselé et doré. Travail chinois.

78 — Lampe de parquet en fer forgé.

79 — Glace à coiffer dans un cadre en bronze ciselé et argenté garni de deux appliques à deux lumières. De la *Maison Christofle.*

80 — Groupe en bronze à patine brune : Faune, bacchante et petit faune, d'après Clodion. Socle en marbre griotte.

Vente en vertu de Jugement du Tribunal de Commerce de Châteauroux.

81 — Lit de camp pliant en fer et ses accessoires.

Ce lit aurait appartenu à Napoléon Ier et serait celui sur lequel il est mort à Sainte-Hélène, ou celui sur lequel il fut exposé après sa mort.

Le général comte Bertrand l'aurait rapporté de Sainte-Hélène en son château de Laleuf, près Châteauroux, et serait également mort dans ce lit, montrant ainsi le prix qu'il attachait à cette précieuse relique.

Il fut donné par les héritiers du comte Bertrand à M. Péron, son ancien régisseur, qui, forcé par la nécessité, le céda à M. Guillemin Bauquier, à Châteauroux, le 22 août 1892, en présence de M. Charavay, archiviste paléographe à Paris.

Ce lit a été reproduit dans le Bulletin trimestriel du Musée Municipal de Châteauroux, du 31 mars 1900, avec un article paraissant prouver son authenticité.

MEUBLES ET SIÈGES

82 — Guéridon, pied en bambou, plateau formé par un grand plat en faïence décorée.

83 — Servante-étagère en bambou.

84 — Deux porte-parapluies en bambou.

85 — Un lot de galeries et ornements en bois sculpté et doré.

86 — Grande glace à encadrement en bois sculpté, ajouré et doré.

87 — Console Louis XVI à étagère en acajou et filets cuivre; dessus en marbre blanc et galerie de cuivre.

88 — Petite commode de poupée, forme demi-lune, ouvrant à deux tiroirs, en marqueterie bois de rose; dessus en marbre blanc. Époque Louis XVI.

89 — Petite table en acajou, trois tiroirs, pieds cambrés; dessus en marbre blanc.

90 — Petit buffet à un tiroir et deux vantaux; dessus en marbre.

91 — Encoignure en marqueterie à trophée, ornements en bronze; dessus en marbre.

92-93 — Deux meubles à hauteur d'appui, de forme contournée, en bois de rose, ornés d'encadrements, chutes, sabots en bronze ciselé et doré; marbre veiné. Style Louis XV.

94 — Table de salon, de style Louis XVI, en marqueterie de bois clair à losanges; ornements et ceinture en bronze doré.

95 — Vitrine haute en noyer sculpté à filets d'or, gainée de peluche rouge. Style Louis XV.

96 — Grand meuble d'entre-deux à hauteur d'appui en marqueterie de bois de couleur, s'ouvrant à une porte; coins à demi-colonnes enguirlandées; richement orné de bronzes ciselés et dorés; dessus en marbre blanc. Style Louis XVI.

97 — Meuble-crédence en chêne sculpté, de style gothique, le haut à voussure, s'ouvrant à deux vantaux et deux tiroirs, écoinçons en fers repercés.

98 — Bureau forme dos d'âne à abattant en bois des îles, incrusté de nacre. Travail du Tonkin.

99 — Petit meuble (autel des ancêtres) en bois de fer sculpté. Travail chinois.

100 — Deux supports en bois de fer sculpté et ajouré, reposant sur six pieds réunis par une petite tablette circulaire ajourée, avec plateau hexagonal en marbre. Travail chinois.

101 — Table en bois sculpté et ajouré, pieds à griffes ; dessus de marbre. Travail chinois.

102 — Meuble-bureau en laque de Chine fond rouge, surmonté d'un casier à compartiments, et portes à glissière.

103 — Meuble-étagères à compartiments fermant à vantaux et à panneaux à glissière en laque de Chine, reposant sur un socle à quatre pieds, de même travail.

104 — Lit breton en bois sculpté à colonnes.

105 — Commode en marqueterie de bois de rose et violette, de forme contournée et bombée ; poignées, entrées de serrures, chutes et sabots en bronze ciselé et doré. Porte l'estampille de *Gosselin*, *maître-ébéniste*. Époque Régence.

106 — Tabouret de piano en noyer sculpté à filets d'or, siège formé par une coquille, pieds à griffes.

107 — Deux chaises en acajou à têtes de cygnes, dossiers cintrés ; sièges en drap.

108 — Trois tabourets en bois dur sculpté, reposant sur quatre pieds réunis par des entrejambes ; dessus de marbre. Travail chinois.

109 — Banquette en bois sculpté en partie dorée et laquée blanc ; dossier décoré d'une peinture représentant des volatiles. Travail hollandais.

110 — Quatre chaises Louis XVI laquées blanc, garnies en soierie à fleurs.

111 — Grand canapé Louis XVI en noyer sculpté, garnie en soierie bleu ciel.

112 — Deux fauteuils Louis XVI laqués blanc, garnis en soie brochée à bouquets de roses, fond crème.

113 — Petit canapé semblable.

114 — Deux fauteuils Louis XVI laqués blanc à rehauts d'or, garnis en tapisserie au point, décor à feuillages et corbeilles de fleurs.

115 — Grand canapé en noyer, garni en imitation de tapisserie au point.

116 — Sièges divers, fauteuils, chaises basses, capitonnés ou garnis.

ÉTOFFES BRODÉES

TAPISSERIES ANCIENNES

117 — Cinq morceaux de soie et brocart anciens.

118 — Petit tapis brodé en soie bleue et broderie métallique.

119 — Trois bandeaux en ancienne broderie de soie au passé à fleurs et rinceaux sur fond de satin jaune.

Larg. totale, 12 m. 60 cent.; haut., 50 cent.

120 — Cinq morceaux en moire blanche et broderie métallique à fleurs et ornements.

121 — Quatre broderies chinoises sur satin et étoffe de soie de différents tons.

122 — Six grandes tentures en satin jaune, broderie chinoise à fleurs.

123 — Lot de rideaux et passementeries.

124 — Portière en ancienne tapisserie-verdure.

125 — Panneau en ancienne tapisserie à personnages. XVIIe siècle.

126 — Tapisserie-verdure animée de volatiles avec vue de monuments, bordure à fleurs et fruits. XVIIe siècle.

Haut., 4 mètres ; larg., 2 m. 70 environ.

127 — Lot de morceaux de tapisserie.

128 — Carpette d'Orient fond lie de vin, médaillon central fond vert.

Long., 2 m. 70 cent.; larg., 1 m. 60 environ.

129 — Carpette orientale fond gros bleu à dessin polychrome.

Long., 3 m. 90 cent.; larg., 2 m. 80 environ.

www.ingramcontent.com/pod-product-compliance
Lightning Source LLC
LaVergne TN
LVHW021529140926
848035LV00047B/1274

* 9 7 8 2 3 2 9 5 3 2 8 7 5 *